Johann Simon Kerner

Naturgeschichte der Coccus Bromelia, oder des Ananasschildes

Johann Simon Kerner

Naturgeschichte der Coccus Bromelia, oder des Ananasschildes

ISBN/EAN: 9783743420175

Hergestellt in Europa, USA, Kanada, Australien, Japan

Cover: Foto ©Andreas Hilbeck / pixelio.de

Manufactured and distributed by brebook publishing software (www.brebook.com)

Johann Simon Kerner

Naturgeschichte der Coccus Bromelia, oder des Ananasschildes

Naturgeschichte der Coccus Bromelia oder des Ananasschildes.

Nebst einem auf Erfahrung gegründeten Vorschlag zur gänzlichen Vertilgung dises der Ananaspflanze schädlichen ja tödlichen Insekts

von

J. S. Kerner

Eleven der Herzogl. Wirtenbergischen Militärakademie.

Mit einer Kupfertafel.

Stuttgart
verlegt's Johann Christoph Erhard, Buchhändler. 1778.

Vorbericht.

Die Absicht der gegenwärtigen Abhandlung ist, das der Ananaspflanze so schädliche, ja tödliche Insekt, den Ananasschild (Coccus Bromelia) genau und charakteristisch nach allen seinen Veränderungen zu beschreiben, und zugleich Mittel an die Hand

Hand zu geben, wie daſſelbige auf das ſchiklichſte vertilget werden kan.

Die Erfahrungen, auf die ich mich ſtüze, ſind von mir oft, genau und ſorgfältig angeſtellt, und beſonders von einem Mann mehrmalen widerholet worden, der ſein ganzes Leben mit phyſikaliſchen Wahrnehmungen zugebracht hat.

Bei allen meinen Beobachtungen habe ich niemals entdeken können: daß das Männchen der Bromelia mit Flügeln ausgerüſtet ſeye. Auch die Coccus Aonidum, (*)

welche

(*) Glasbeeterſchild. Die Coccus Polonicus, polniſche Körnerſchild.

welche der Ritter von Linne beschreibet, hat keine Flügel. Der Ritter hätte mithin die Flügel des Männchens nicht zu einem Gattungsmerkmal machen sollen. Villeicht lernt man durch neuere Entdekungen noch mehrere Arten kennen, die der Schöpfer nicht mit Flügeln begabet hat.

Die Natur thut nichts umsonst. Bei allen Thierarten stehen die Empfindungs- und Bewegungswerkzeuge, kurz, der ganze körperliche Bau, in der genauesten Uebereinstimmung mit den körperlichen Verrichtungen, oder mit der Bestimmung des Thieres. Diß ist der Fall bei der Bromelia. Der Ort

Ort ihres Aufenthaltes, die Art, wie sie sich nähret und fortpflanzet, machen ihr die Flügel entbehrlich. Ursache genug, warum ihr die Natur keine gegeben hat.

Wenn Beobachtungen, welche unter andern Himmelsstrichen, die entweder wärmer oder kälter sind, angestellet werden, von den meinigen hie und da verschieden ausfallen sollten, so kan diß dennoch keinen Grund gegen die Richtigkeit und Zuverläsigkeit der meinigen, abgeben.

Uebrigens werde ich gegründete Erinnerungen gerne und mit Dank annehmen, auch meine geringe Arbeit für genug belohnet halten,

ten, wenn andre dadurch aufgemuntert werden, eigene Beobachtungen anzustellen, um dadurch die meinigen zu bestätigen, oder noch mehrers zu berichtigen. Schriebs in Stuttgart, den 31ten Jenner 1778.

J. S. K.

Inhalt.

Inhalt.

Einleitung.	S. 1.
I. Kapitel. Natürliche Geschichte dises Insekts.	S. 5.
II. Kapitel. Charakteristische Beschreibung desselben.	S. 13.
III. Kapitel. Mittel dagegen.	S. 39.
Erster Versuch.	S. 41.
Zweiter Versuch.	S. 42.
Dritter Versuch.	S. 43.
Vierter Versuch.	S. 45.
Anhang.	S. 51.

Einleitung.

Die Schwirigkeit, das Insekt, mit dessen Untersuchung ich mich hier beschäftige, in seinen Eigenschaften zu durchforschen, und die Seltenheit der Beobachtungen, die bißher von andern darüber gemacht worden, forderte von mir eine genauere und weitläuftigere Beschreibung desselbigen, als in jedem andern Fall nöthig gewesen wäre. Ich seze nun, um mich dißfalß zu verwahren, in Ansehung des ersten Punkts einige Betrachtungen voraus.

Die Schwirigkeiten, das Inſekt, das ich hier beſchreibe, zu betrachten, ſind ſehr groß. Mit bloſen Augen kan man es bei nahe gar nicht ſehen, und iſt alſo genöthiget, das Vergröſerungsglas zu gebrauchen. Alleine, ſelbſt der Gebrauch des leztern iſt mit Schwirigkeiten verbunden.

So bald man es unter das zuſammengeſezte Vergröſerungsglas bringt, (und diß iſt zu einer genauen Beobachtung nothwendig,) ſo ſtehet man in Gefahr, ſolches zu töden. Ueberdiſes entwiſcht das unter das Objektivglas gebrachte Inſekt immer dem Aug, und man muß dahero entweder das Glas hin und her bewegen, um das Inſekt nicht aus dem Sehefeld zu verliehren, oder man muß es mit einem Härchen, ſo oft es davon laufen will, in den Brennpunkt zurüktreiben. Wohl zwan-

zwanzig Versuche mißlungen mir um dieses Umstands willen, ehe ich die Saugrüsel und die Augen entdecken konnte.

Der Unterschied des Insekts vermehret noch die Schwirigkeit. So kan z. E. ein Ananasschild in einer Zeit von vier bis fünf Tagen eine gewisse Gröse erhalten, welche die meisten andern in eben der Zeit nicht erreichen, noch weniger übertreffen.

Ohne noch andere, bey allen Insekten überhaupt gewöhnliche Schwirigkeiten aufzusuchen, füge ich hier eine Anmerkung bei, die zugleich eine Entschuldigung des Verfassers ist, im Fall die vorhero gemachte Beobachtungen bei gleichen Untersuchungen von andern nicht überall bestätiget würden.

Es geschiehet nemlich sehr oft: daß ein Ananasschild einige, von andern ganz unterschiedene Erscheinungen, hat; eine Verschiedenheit, die bloß von den unterschiedenen äusserlichen Umständen, in denen sich beide Schilde befanden, herrühret.

Man kan also villeicht oft nicht bei einem solchen dasjenige antreffen, was der Verfasser bei andern, anderswo aufgewachsenen Schilden, gefunden hat.

I. Ka-

I. Kapitel.
Natürliche Geschichte dises Insekts.

Das erste, was uns bei der Untersuchung der Geschichte der Bromelia in die Augen fällt, ist das Ei, der Ursprung des Thierchens.

I. Ursprünglich ligen alle Eier, die sich auf ohngefehr 30 bis 50 erstreken, zerstreuet, unter einem weissen Dekel in einer Hölung, und jedes ist mit einem dünnen weissen Häutchen überzogen.

II. Acht bis zehen Tage nach ihrer Entstehung, (die ich aus dem damit verbundenen Tod der Mutter wahrnahm,) sah ich sie, dem Scheine nach, unverändert. Vierzehen Tage darauf fand ich das Ei aufgesprungen, und das Thierchen von demselben abgelöset, das jezt, dem Ganzen nach, (doch noch) nicht in denen einzelen Theilen,) sichtbar war, weil das Ei noch mit demselben zusammenhieng.

Ob nun gleich das Insekt schon im Ei mußte gewachsen seyn, (denn das Wachsthum war die Ursache, die das Ei geöfnet hat,) so war doch sein Wachsthum, nachdem es sich einmal vom Ei abgelöset hatte, viel schneller und merklicher. Zuvor sahe man wohl einen Unterschied des Eies und des Thierchens; aber man beobachtete noch keinen einzelen Theil. Man konnte so gar noch nicht die geringste Aehnlichkeit mit einem Insekt, wahrnehmen.

III. Nach verflossenen acht Tagen sah ich fünf Ringe am Hintertheil des Rumpfs, und

und die Schale, in welche das Thierchen ehemals eingewikelt war, lag, ganz getrennt von demselbigen, am Ende des Dekels.

IV. Bis zum fünfzigsten Tag nahm ich noch keine merkliche Veränderung wahr, ausser, daß jene Ringe immer sichtbarer wurden, und das Thierchen etwas weniger wuchs. Die mir zuerst erschienene Ringe waren nun jezt fast gar nicht mehr sichtbar, weil sie ganz mit Haaren besezt waren.

Ausser disem sah man auch am Hintertheil zwey kurze starke Haare, die in Form einer Gabel auffassen. Auch der Ansaz zu Augen und Schnauzen, oder Saugrüsel, waren jezt sichtbar. Die Fühlhörner hatten schon den vierten Theil des ganzen Körpers in der Länge; sie endigten sich in eine sehr feine Spize, und ihre Beweglichkeit war gar nicht mehr ausser Zweifel zu sezen. Ueberhaupt sah ich in diesem Zustand die erste Bewegung des ganzen Insekts.

Nach zwanzig Tagen weiter fand ich das Insekt zu seinem Vortheil sehr verändert. Alle Theile waren jezt, so wie das Insekt überhaupt, viel gröser und ausgebildeter. Die Schale war nun ganz zusammengerollt, auf der Oberfläche ligend, wo sie nach und nach verwesen ist.

Von nun an war das Insekt keinen Verwandlungen mehr ausgesezt, weil es sein völliges Wachsthum erreichet hatte.

Eine geraume Zeit leben dise Insekten in solchem vollkommnen Zustande. Während
dises

dises Zeitraums ist ihre Lebensgeschichte folgende: Bißweilen, (acht oder zehen Tage vor Erreichung ihrer höchsten Vollkommenheit, meistens aber gleich in den ersten Tagen nach Erreichung derselbigen, denn vorher können sie, wegen der Kürze ihrer Füsse, auf dem meist unebnen und höckerigten Blatt nicht laufen,) gehen sie aus ihrer Höle, wohin sie niemals mehr zurükkehren, weil, nachdem der Dekel von den jungen Thierchen verlassen ist, derselbige zusammenrollet, die Mutter in der Hölung abstirbt und verweset, auch in demselbigen keine Nahrung mehr zu finden ist. Besonders ziehen sie sich häufig an den untersten Theil der Blätter, an denjenigen Ort, wo diese ihren Ursprung aus der Wurzel nehmen, weil sie, wegen der grösern Weiche dieser Theile, vermittelst ihres Saugrüsels,

leichter

leichter und tiefer eindringen, und also ihre Nahrung besser finden können.

Diß geschiehet nur einige Zeit, in welcher sie weiter nichts thun, als vor ihre Nahrung zu sorgen, ohne sich noch zu begatten, ob sie gleich alle untereinander herumlaufen. Von nun an entstehet eine wichtige Hauptveränderung.

Bißher hatten sie zwar hin und wieder Gefässe angestochen, aber noch, ohne in dieselbige einzudringen, sondern bloß um den Saft aus denselbigen zu ziehen. Jezt fangen sie an, die fein gebauten Theile zu zersplittern, sich bis in die Tiefe des Blattes einzufressen, machen in der Mitten Hölungen, in denen sie eine Zeitlang herumwandern, und fortlaufen, bis sie sich wiederum an einem Ort

Ort deſſelbigen herausfreſſen, und ohngefehr nach neunzehn Tagen wieder auf der Oberfläche erſcheinen, jedoch ſo, daß die Weibchen mit der Oberhaut bedekt ſind. Nun löſt die Mutter die Oberhaut ab, drükt ſie in die Höhe, alſo, daß ſie unter derſelbigen ruhen kan, und bereitet ſich alſo eine Deke, die nichts anders iſt, als eben der Dekel, unter dem ſie ſelbſt einſt gebohren wurde.

Unter dieſen Dekel ſezt ſie ſich jezt, bekommt ſo gleich eine dunkelbraune Farbe, dehnt ſich in die Breite aus, und erſcheint nun in der Geſtalt einer Wanze. Unterdeſſen haben ſich auch die Männchen auf der Oberfläche herausgefreſſen, und ſuchen nun, nach einer kurzen Zeit, die weiſſen Dekel auf, ſizen, ſo bald ſie ſie gefunden, auf dieſelbigen hin, und befruchten, durch die Oeffnung

nung deſſelbigen, das unter dem Dekel li-
gende Weibchen.

Nach der Befruchtung laufen die Männchen noch einige Tage auf der Oberfläche hin
und her, ſterben denn auf derſelbigen, und
ihre verweſſten Körper bleiben eine Zeitlang
auf dem Blatt liegen, bis ſie ſich ganz verliehren.

Das Weibchen legt nun die Eier, und
ſtirbt gleich darauf, nachdem ſie dieſelbigen gelegt hat. Sie bleibt nunmehro tod im Dekel ligen, bis derſelbige zuſammenſchrumpft,
und ſie herunter fällt.

II. Ka-

II. Kapitel.
Charakteristische Beschreibung desselben.

Die Figur des Insekts überhaupt ist eiförmig, der ganze Körper mit weissen, weichen, kleinen Härchen besezt, die Gröse ist so beschaffen, daß das beste unbewafnete Aug kaum einen Punkt erblikt. Die Farbe ist, einige Theile, die Haare, die Fühlhörner, die Füsse und die Gabel ausgenomen, bräunlich. Der ganze Körper ist weich und durchsichtig. Alles dieses ist bei dem Weibchen, während seiner grosen Hauptveränderung, anders beschaffen. Die Gröse desselben ist etwas merklicher, die Farbe wird dunkelbraun, und das Ganze bekommt die Figur einer Wanze.

Nun

Nun betrachte ich jeden Theil besonders. Wenn ich das Thierchen von vorne an durchforsche, so sind die Theilchen desselbigen folgende.

I. Der Kopf ist mit dem Bruststük so genau vereiniget, daß kein Unterschied zwischen ihm und dem leztern zu sehen ist. Derselbige ist halbkugelförmig, weich, mit feinen Haaren besezt, und hält den achten Theil des ganzen Insekts. Man unterscheidet an ihm folgende Theile;

a.) Die Augen, die auf beiden Seiten ein halbmal so weit abstehen, als die Entfernung der Fühlhörner von einander beträgt. Ihre Figur gleicht einer plattgedrükten

ten Kugel (Sphäroide). Sie sizen an den Seiten des Kopfs. Ihr Grund ist dunkelroth, mit etwas schwarzem vermischt, und ihre Oberfläche scheinet vieleckigt, wie geschliffene Edelsteine, zu seyn.

b.) Die Fühlhörner erscheinen, in Form eines Gelenkes zusammengesezt, und endigen sich in eine bürstenförmige Spize, die mit feinen weisen Härchen besezt ist. Sie sind so lange, als der Kopf mit dem Bruststük zusammengenommen; oder noch einmal so lang, als die Gabel am Hinterleib.

Ihre Farbe ist weiß. Sie bestehen aus einer weichen Substanz. Sie

Sie sind von einer grosen Empfindlichkeit, so, daß wenn das Insekt etwas antastet, die Fühlhörner sich so gleich auf beiden Seiten zu bewegen anfangen. Wenn es auf den Raub ausgeht, so sind die Fühlhörner beständig in Bewegung.

c.) Der Mund ist hier bei diesem Insekt sehr sonderbar. Es hat nicht bloß die Mundspalte, die dieser Gattung von Insekten gemein, und bei diesem Insekt so durchsichtig ist, als der übrige Körper. Er ist etwas lang gestaltet, um in die Gefässe einzudringen, und hat überdiß noch zwei lange Haare, die auf beiden Seiten der Mundspalte

spalte hervor wachsen, aber, so bald der Mund erwachsen ist, sich wieder verliehren. Der Mund hat eine Linie in der Länge. Die Gestalt ist mehr länglicht, als breit. Am Rande ist er mit sehr kleinen Härchen, von einer sehr weichen, weissen, durchsichtigen Materie, bewachsen.

In den ersten Tagen, auch schon in der Zeit, wenn das Insekt eine beträchtliche Größe erreichet hat, kan auch das allerbeste bewafnete Aug den Mund nicht erbliken. Alleine, wir können doch nicht an seinem Daseyn zweiflen, weil der Saugrüsel zur Nahrung nothwendig ist.

II. Denjenigen Theil, der zunächst an den Kopf gränzet, nennen wir das Brust-
B stük.

ſtük. Diſes iſt bei andern Inſekten oft ſehr deutlich von den andern Theilen zu unterſcheiden; hier aber iſt es ſchwer, weil das Bruſtſtük mit dem Rumpf und Kopf in einen Körper verwachſen iſt. Diß iſt eben die Urſache, warum der Ritter von Linne mit Recht dieſe Art Inſekten Coccus benennt. (*) Das Bruſtſtük iſt noch einmal ſo lange, als der Kopf, oben rund gewölbt, unten platt, von Farbe braun; die obere Schale, welche das Inſekt bedekt, iſt etwas härter als der Rumpf. An diſem Theil haben wir die zween vordern Füſſe zu betrachten.

Die

(*) Linne Natur=Syſt. p. 527. 229. Ge. Hem.

Die zween vordern Füsse sind an dem Bruststük angeheftet. Sie haben den dritten Theil des ganzen Insekts in der Länge. Ihre Farbe ist weiß, durchsichtig, und sind von weicher Substanz. Sie bestehen:

1.) Aus den Schenkeln, deren Breite ohngefehr den 24ten Theil eines Zolles beträgt. Sie sind halb so lange, als die Fühlhörner.

2.) Aus dem Schienbein. Dises ist ein Drittheil so lange, als der Schenkel, und um die Hälfte dünner.

3.) Aus dem Fußblatt. Dises ist ein Viertel mal so lange, als das Schienbein, schmal, und bestehet aus drei Klauen (Digitis), wovon die zwei oberſte länger ſind, als der untere, und deren Spize ſich in etwas breite Punkten, womit ſie ſich an glatten Oberflächen halten können, endigen.

III. Der Hinterleib, oder das dritte Stük des Körpers hat die Geſtalt eines ſtumpfen abgeſchnittenen Kegels. Diſer Hinterleib nimmt an Gröſe ohngefehr den dritten Theil des ganzen Inſekts ein; er beſtehet aus fünf Ringen, die in einander geſchoben ſind. Diſe Ringe ſind ſo ſtark mit kaum merklichen Härchen beſezt, daß man ſie, auch bei der beſten Vergröſſerung, kaum wahrnehmen kan. Sie haben ebenfalls die braune Farbe, womit das ganze Inſekt bemahlet iſt.

Wir

Wir bemerken bei diesem Theil,

1.) Die vier lezten Füsse:

a.) Die zween mittlern, und

b.) Die zween lezten. Ihre Figur, Farbe, Gröse ꝛc. ist schon oben bei dem Bruststük angezeigt worden.

2.) Nun haben wir noch das lezte, nemlich die Gabel (Furca), am Ende des Hintertheils zu betrachten. Dise Gabel bestehet aus zween starken weisen durchsichtigen Haaren, welche ein halbes mal so groß, als die Fühlhörner sind. Sie kleben öfters, wenn das Insekt über eine flüssige Materie hinweg läuft, an den äussersten Spizen an, so, daß sich das Insekt, wenn es herab fallen möchte, in etwas damit anhalten kan.

3.)

3.) Die fünf Ringe am Hintertheil des Rumpfes, schieben sich in einander, und ich habe bei schneller Bewegung des Insekts gesehen, daß es dise Ringe wechselsweise in einander schiebt und wiederum ausdehnet. Sie sind am Rande mit sehr feinen weissen Härchen besezt.

4.) Zwischen diser Gabel ligt das Wesentlichste des Weibchens, nemlich die Scheide (Vagina). Dise Scheide wird durch zwei starke bräunliche durchsichtige Nebentheile eingeschlossen, welche, wenn das Insekt gehet, die Scheibe in die Mitte zusammen schliessen, daß man sie kaum noch erbliket. Die Scheide selbst beträgt den dritten Theil der Gabel in der Länge. Sie bestehet an dem Obertheil aus zwei starken Spizen, die, wenn die Befruchtung geschiehet, sich öffnen, nach geschehener Befruchtung aber wieder etwas näher beisammen stehen. Aus denen obenbeschriebenen Nebentheilen der Scheide entspringen an denen äussersten Theilen derselben die zwei starke Haare, welche die Gabel formiren.

Das Weibchen unterscheidet sich nur durch die etwas merklichere Gröse, durch die dem Weibchen wesentliche Geburtstheile, und, zur Zeit seiner Verwandlung, durch die oben angezeigte Veränderung seiner Gestalt.

Bißhero haben wir bloß den Charakter des Thierchens überhaupt geschildert. Jezt versuchen wir, seine Verrichtungen zu durchspähen.

Bei jedem organischen Wesen hat man vorzüglich vier grosse Wirkungen zu bemerken:

I. **Das Wachsthum.** Difes haben wir schon oben, vom Ei an bis zu seiner Vollkommenheit, geschildert, und betrachten hier nur

a.) Die Materie, aus welcher es wächßt, und sich bis an seinen Tod erhält. Dise ist ein feiner, süsser, mit etwas Saurem vermischter Saft, der bei einer jeden Art von Ananaspflanzen unterschieden ist. Bei der wilden Ananas hat die Säure die Oberhand, und übersteigt die süssen Theile weit. Aus der Erfahrung wissen wir: daß diese Insekten auf den wilden Ananassen,

naſſen, in Anſehung ihrer Vermehrung, viel ſtärker und in gröſſerer Menge vorhanden ſind, als auf denen zahmen oder ordinären. Die Coccus muß alſo die Säure mehr lieben, als das ſüſſe Weſen, weil jene den Körper vor der Fäulniß beſſer verwahret.

Diſe Materie erhält es,
b.) vermittelſt einer Mundſpalte oder Saugrüſels, der, in Anſehung des ganzen Körpers, klein, und ſo eingerichtet iſt, daß das Inſekt den Saft aus den innerſten Theilen des Blattes bequem heraus ſaugen, und ſich erhalten kan. Allein, dieſe Mundſpalte iſt ſo zart, daß das Inſekt, aus den härtern

härtern Theilen des Blattes, den Saft nicht herauszuziehen vermag.

c.) Disem Fehler hat aber die Natur schon abgeholfen, und das Insekt an einen andern Ort gewiesen, wo die Oberfläche um einen grossen Grad weicher ist, und die Theilchen noch sehr blaß aussehen. Das Insekt hält sich nemlich am liebsten an dem Ursprung der Pflanze auf. Der Saft, der an disem Ort sich findet, ist gerade der beste. Er ist hier nicht in dem hohen Grade der Feinheit filtrirt, und bis in die geistige Theilchen abgesondert; denn dise Materie wäre villeicht zu scharf, und könnte ihren so fein gebaueten Körper leicht zerstören, (wie bei dem Mittel wider dise Insekten ein Beispiel angeführet ist). Der Ort, wo die Insekten ihre Nahrung am besten finden, hat noch mehrere Bequemlichkeiten, die ihn ebenfalls demselbigen reizend machen. Hier kan weder die Sonne, noch viele andere Wesen, die disen Insekten Schaden zufügen könnten, ihnen zukommen; sie haben also vor denen meisten äusserlichen Anfällen hier Schuz.

Die Art, wie es nun die Nahrung an diesem Ort durch seine Instrumenten erhält, ist dise:

d.)

d.) Zuerſt löſet es die Oberhaut ab, und bereitet ſich eine Oefnung bis auf die Haut diſes Gewebes, in welchem die Gefäſſe ſehr fein zuſammen geflochten ſind. Es zerreiſſet diſe Theilchen, und bei der geringſten Verlezung einiger Gefäſſe flieſſet ſogleich der Saft wellenförmig heraus, quillet dem Inſekt entgegen, und alſo hat es einen Vorrath von Saft. Es begnüget ſich aber nicht an diſer Oefnung, die es gemacht hat; es zerſplittert die Theilchen in einem groſen Umfang, und ſauget alſo dadurch immer neue Materien. Hierdurch aber wird das Blatt ganz verdorben, der Umlauf des Saftes in diſer difer Gegend leidet Schaden, die Bewegung deſſelben, in denen unter den Gefäſſen ligenden Theilchen, wird gehemmet, die feine Jaſern, (welche zuſammen genommen den Bau des Gefäſſes oder des Kanals, worinn ſich der Saft beweget, ausmachen,) werden ſaftloß, aller Nahrung, zur Fortſezung und Erhaltung ihres Baues, beraubet, immer untüchtiger, und der gänzlichen Verweſung ausgeſezt, welche auch in kurzem darauf erfolget. Eben daher entſtehet auch die Verſchidenheit der braunen Fleken.

II. Wie ſich diſes Inſekt ernähre, haben wir ſchon oben überhaupt, geſagt. Wir

Wir wollen es nun genauer betrachten:

1.) Das Instrument, das zur Anschaffung der Nahrung dienet, ist der Saugrüsel.
2.) Die Gelegenheit, die ihm die Natur an die Hand gibt, ist der Aufenthalt in dem Blatt, in dem der Nahrungssaft enthalten, und welches zur Nahrung sowohl, als auch zur Beschüzung und Fortpflanzung desselben, gleich geschikt ist.
3.) Die Art, wie es sich nähret, ist folgende:

Wenn dises Insekt ausläufet, so reisset es hier und da auf der Oberfläche des Blatts ein Gefäß, vermittelst seines Saugrüsels, auf, um um den Saft daraus zu saugen. Nach disem, wenn es auf der Oberfläche wenige Nahrung findet, bringet es sich bis in das Innerste des Blattes, zersplittert auch hier die fein gebauten Gefässe, damit ihm der Saft entgegen quille, und saugt alsdenn mit seinem Saugrüsel den etwas sauren Saft der Pflanze, aus. Allein, auch jezt muß das Insekt noch einmal den Ort verlassen, um seine Nahrung zu suchen. Es gehet nun weiter fort, und macht gleichsam Hölungen, die den Grund zur Entstehung der braunen Flefen, enthalten. Auch hier begnüget es sich noch nicht, sondern reisset mit seinem

nem Sauger die Theilchen im Fürsichgehen immer weiter auseinander, bis es bald mehr gegen die Oberfläche des Blattes kommt, zu verschidenen Zeiten aber wieder in die Tiefe zurük gehet, und jene schädliche Verstopfung des Nahrungsaftes verursachet, welche die Gegend, wo das Insekt um sich gefressen, bald in Fäulniß bringet.

Wenn das Insekt die unterste Gefässe ausgesogen hat, so kommt die Zeit, wo es sich gegen die Oberfläche des Blattes nähert, und sich wieder herausfrisst. Wenn das Weibchen, nach dem Ausfressen, ihren Dekel zubereitet hat, so nimmt sie wahrscheinlicher Weise keine Nah-

Nahrung mehr zu sich). Sie schwillt also, in der Gestalt einer Wanze, auf, und sizt fest unter dem Dekel, wo zwischen der Coccus und dem Blatt die Eier gefunden werden.

Das Männchen hat sich jezt auch ausgefressen. Doch ist es sehr wahrscheinlich, daß es noch Nahrung zu sich nehme; denn Gelegenheit und Zeit hat es genug, disen ihm so angenehmen Saft in sich zu ziehen.

III. Dise Coccus hat eine eigene Art, wie sie die Natur beschüzet. Ohne eigene Wafen dienet ihr bloß der Ort ihres Aufenthalts zur Beschüzung. Sie wohnet nemlich, so lange sie die Eier leget, und in der

ersten

erſten Zeit ihrer Geburt, unter einem Dekel, der ſich ſonſten bei keiner andern Art der Coccus-Inſekten findet.

Diſer Dekel ſchüzet das Inſekt für Wind und Regen, vorzüglich aber für dem ſtarken Thau, der Abends in den warmen Gegenden, ſo wohl auf der nordlichen Küſte von Afrika, als auf den Antilliſchen Inſeln, und hauptſächlich in Amerika, auf die Pflanze fället. Auſſer diſer Zeit ſind ſie durch ihren Aufenthalt, der allemal zur beſten Zeit gewählet wird, in dem Innerſten des Blattes, und meiſtens am Urſprung deſſelbigen, beſchüzet.

IV. Die Begattung hat in dem ganzen Inſektenreich viel auſſerordentliches. Die Geſchichte derſelben iſt ſchon oben erzählet worden.

worden. Doch wollen wir dieselbige hier weiter auszuforschen suchen.

A. Die äussere Umstände, welche die Natur darbietet, sind folgende:

Der Ort ist der Dekel. Diser Dekel ist weiter nichts, als ein aufgerissener Theil der Oberhaut des Blatts, unter dem also das Insekt beschüzet werden kan. Er ist weißlich, zirkelförmig, an den meisten Orten undurchsichtig, aus einigen Oeffnungen bestehend, ziemlich groß, und nach allen Theilen geschikt, das Insekt zu bedeken, und zu beschüzen.

Seine Entstehung ist wahrscheinlicher Weise folgende:

Er scheinet eigentlich derjenige Theil der Oberhaut zu seyn, den das in den

innern Gefäſſen des Blatts herumwan-
dernde Inſekt, vermög ſeines Natur-
triebs, bauet, und durch die Art der
Bewegung, die es machet, zu derje-
nigen Form bildet, die wir wirklich
am Dekel wahrnehmen. Diſe Mei-
nung wird um ſo wahrſcheinlicher,

a.) weil die Oberhaut äuſſerſt leicht
abgeriſſen werden kan.

b.) Ueberdiß kommt der Dekel, mit
den übrigen Theilen der Oberhaut,
ſo ſehr in den Beſtandtheilen des
nezförmigen Gewebes überein, daß,
wenn ſo wohl der Dekel, als jener
abgeriſſene Theil der Oberhaut, unter dem zuſammengeſezten Vergröſerungsglas betrachtet wird, man
faſt keinen Unterſchied gewahr wird.

B.

B. Die Werkzeuge sind schon oben ange=
zeiget worden.

C. Die Weibchen, die vermuthlich in dem
Innern des Blattes keine Nahrung
mehr finden, so wie die Männchen,
tretten jezt wieder zur Oberfläche her=
an, und durchreissen also die Oberhaut.
Die lezte fliehen jezt vom Ort weg, wo
sie sich aufgehalten. Die erstern bilden
sich damit den Dekel auf die obenbe=
schriebene Art, wozu sie vermuthlich ih=
re Empfindlichkeit gegen die Luft, ihre
Speise, und ihr Naturtrieb, reizet.

So bald der Dekel fertig ist, leget
das Weibchen sich ruhig unter denselbi=
gen hin, und beginnet nun zu erwach=
sen und sich zu verwandlen. Ehe aber
noch die Verwandlung vor sich gehet,
kommt

kommt das Männchen, sezet sich auf die Mitte des mit einer Oefnung versehenen Dekels, befruchtet das Weibchen, gleich nach der Befruchtung gehet es weg, und stirbt. Das Weibchen wird nun grösser, verwandelt sich, und erscheinet nun in der Gestalt einer Wanze. Nun scheinet es ganz ohne Empfindung und Bewegung zu seyn, und selbst keine Bewegung zu fühlen; und in disem Zustand legt es die Eier. So bald die Eier gelegt, und so erwachsen sind, daß sie schon ohne die Mutter sich selbst erhalten können, so stirbt die Mutter, und verweset.

III. Ka-

III. Kapitel.

Mittel dagegen.

Ich habe bißher den Charakter und die Geschichte des Ananasschilds abgemahlet. Nun eile ich zu dem wichtigsten Theil meiner Untersuchung, zur Betrachtung ihres Schadens, und der Art, sie zu vertreiben.

Der Schaden des Insekts besteht eigentlich darinn: daß es die Gefässe aufreisset, um die Nahrung daraus zu saugen, und sich darinn aufzuhalten. Hierdurch entstehen, theils wegen Zerreissung der feinsten Theile, theils wegen Beraubung des Nahrungssaftes, zuerst braune Fleken, und bald darauf eine Fäulniß, die sich zuerst an einem bestimmten Ort ansezet, aber bald durch das ganze Blatt fortpflanzet.

zet. Besonders bähnet sie sich von dem verlezten Ort des Blatts an, bis an den Ursprung desselbigen, aus, woselbsten, wegen der Weiche diser Theile, eine schnelle Fäulniß vorgehet. Von da aus dringet die Verwüstung dergestalten bis aufs Herz der Pflanze, bis kein einiger gesunder Theil mehr davon vorhanden ist, und dieselbe oft von selbsten, oder bei der leichtesten Berührung, auseinander fället.

Man glaubte anfänglich nicht, daß diser Schaden so groß seye; nachhero aber erfuhren es diejenigen, welche dise Pflanze in Menge in ihren Glashäusern und Glaskästen stehen hatten. Man machte daher auf alle mögliche Art Versuche, dise Läuse zu vertreiben; bis jezo aber konnte man noch kein brauchbares Mittel dagegen ausfündig machen, weil das
wider

wider dife Pflanzenstöhrer gebrauchte Gift, immer auch ein Gift wider die Pflanze selbst, war.

Ich seze zu dem Ende einige Versuche bei, davon die drei erstern nicht wirksam genug, oder doch mit verschidenen schlimmen Umständen verbunden waren, der lezte aber meistens mit dem besten Erfolg gekrönet wurde.

Erster Versuch.

Solcher bestunde in folgendem: Man zerstieß Schwefel, so klein als immer möglich war, und bestreuete die Pflanzenblätter damit. Difes Mittel hat aber die gehofte Wirkung nicht gethan, weil der Schwefel nicht in das Innerste der Blätter, woselbsten sich doch die zu tödende Insekten aufhalten, eindringet. Villeicht hätte er aber doch gewirket, wenn der Schwefelstaub nicht, bei Begiessung der Ananassen, wäre abgewaschen worden.

Zweiter Versuch.

Man machte mit dem Schwefel noch einen andern Versuch, nur mit dem Unterschied, daß man ihn anzündete.

Man fuhr nemlich mit demselbigen immer auf der Oberfläche der Blätter also hin und her, daß der Dampf davon, vermittelst seiner Feinheit, in die innerste Theile derselben dringen sollte.

Diser Versuch schien anfänglich einen glüklichen Erfolg zu haben; denn es blieben dise Insekten einige Zeit völlig aus, und man spührte nichts mehr von denselben. Nachher aber fanden sie sich wiederum in eben der Menge ein, wie zuvor. Die Ursache, warum sie
sich

sich anfänglich verlohren, und alsdenn wieder hervorgekommen, scheinet darinn zu ligen: daß diejenigen, die schon theils unter ihrem Dekel hervorgeloffen, theils noch darunter verborgen gewesen, leichtlich von dem Schwefeldampf konnten getödet werden; diejenigen aber, die im Innersten der Blätter verborgen lagen, erfuhren dises Schiksal nicht, weil der Dampf in einer solchen kurzen Zeit das Innerste der Blätter nicht durchdringen konnte. Sie kamen also, nach einiger Zeit, wieder, oder krochen vielmehr aus denen innersten auf die äussere Theile der Blätter, legten Eier, und pflanzten ihr Geschlecht auf das neue fort.

Dritter Versuch.

Man nahm Weingeist, begoß damit die Pflanze so stark, daß sie bei nahe selbst davon zer-

zerfreſſen wurde, und fand wirklich, daß der
Weingeiſt alle diejenigen Inſekten, die ſich
auf der Oberfläche der Blätter befanden, getödet hatte. Die Wahrheit diſes Erfolges be-
ſtätiget ſich noch überdiß durch eine andere von
mir gemachte Probe. Ich fand nemlich, nachdem ich über mehrere Inſekten etwas Weingeiſt gegoſſen hatte, daß ſie in einer Minute
tod waren. Indeſſen ſahe ich doch bald, daß
der Weingeiſt diſe Inſekten nicht alle getödet
hatte; denn nach einiger Zeit kamen die Inſekten häufig wieder hervor, um der ſehr be-
greiflichen Urſache willen, weil derſelbe nicht
bis in die Tiefe ihrer innern Wohnungen ge-
drungen war.

Alle diſe Verſuche erfüllen noch nicht die
Wünſche des Gärtners, und ſind dahero noch
nicht befriedigend genug.

Man

Man forschte also weiter nach, und fiel endlich auf folgenden ganz brauchbar erfundenen Versuch, der, nach vielen angestellten Beobachtungen, selten fehl geschlagen hat.

Man sezte hiebei voraus: daß es nothwendig seye, die Pflanzen aus der Erde heraus zu nehmen, weil sonsten keine Materie in die, durch dieselbe bedekte Theilchen der Pflanzen, eindringen konnte, und kam dadurch auf folgendes zuverlässige Mittel.

Vierter Versuch.

Man hebt nemlich die Pflanzen, wie bereits erwehnet worden, aus der Erden heraus, und läßt sie zwei auch drei Tage lang frei in dem Ananashauß ligen, wodurch sie ein wenig welk werden, und sich also hierdurch ihre Säfte,

Säfte, die eigentliche Nahrung des Insekts, in etwas verlieren und ausdünsten.

Dises Abwelken ist so nöthig, daß, wenn die Pflanze, gleich nach dem Ausheben, in die nachstehende Lauge kommt, die Insekten sogleich wieder vorhanden sind, indem solche, wegen dem vielen Saft derselben, noch die Nahrung wie zuvor finden.

Wenn sie auf besagte Art ein wenig welk geworden, wird ein grosses Gefäß oder Zuber (Kufe) mit Wasser angefüllet; sodann werden 24 Stunden lang Tabakstengel (*) darinn eingeweichet, bis das Wasser ganz braun davon wird, und, so viel es immer möglich, den Saft des Tabaks ausgesogen hat. Nach disem wird der Tabak mit denen Händen ausgedrüket,

(*) Nicotiana rustica, panicula &c. *Linn. Syst. Plant.*

drüket, die Pflanze in difes Waſſer gethan, ebenfalls 24 Stunden darinn gelaſſen, nach Verfluß difer Zeit wieder heraus genommen, in einem friſchen faubern Waſſer ab- und ausgewaſchen, und hernachmals einige Tage verkehrt aufgehänget, damit ſowohl das reine als unreine Waſſer ablaufen und völlig abtröpfeln kan. Endlich wird ſolche, wie gewöhnlich, wiederum in das Lohbeet verpflanzet.

Man kan bald hierauf wahrnehmen: ob ſolchen Pflanzen die erwehnte Lauge ſchädlich oder unſchädlich geweſen? indem ſie längſtens in acht bis zehen Tagen anwachſen und aufrecht ſtehen, oder umfallen und verderben werden.

Nun will ich nur noch zum Beſchluß einige zufällige Anmerkungen hierüber beibringen.

Die

Die wilde oder saure Ananasse (*) können die Baize oder die Lauge viel weniger ertragen, und sehen daher übler nach derselben aus, als die ordinairen oder zahmen. (**) So viel

(*) Wilde Ananas, (Bromelia Karatas) mit aufrecht stehenden Blättern, und gehäuften festsitzenden Blumen. Mexocotl. *Moris. hist. 2. s. 4. T. 22. f. 7.*
Bromelia Karatas, acaulis, floribus aggregatis sessilibus subradicaulibus. *Jac. Americ. 18.*
Bromelia, foliis spinosis oblique recurvis, fructibus dispermis, racemosis. *Hort. Upsal. 73.*
Karatas, foliis altissimis, angustissimis & aculeatis. *Plum. gen. 10?* Das mittägige Amerika ist dessen Heimath. ♃

(**) Wahre Ananas (Bromelia Ananas) hat gefranzt-stachliche, in eine Spize sich endigende Blätter, und eine Blumenähre, die mit einem Zopf gezieret ist. *Trew. Ehret. T. 2.*

Bro-

viel wir aus der Erfahrung wissen, können die ohne

Bromelia Ananas, foliis ciliato-spinosis, mucronatis, spica comosa.

Bromelia, foliis spinosis, fructibus connatis, caulem cingentibus. *Hort. Cliff.* 127. *Hort. Upsal.* 73.

Ananas aculeatus, fructu ovato, carne albida. *Trew. Ehret. T.* 2. Dise wahre Ananas hat folgende Abänderungen:

α.) Zukerhut, mit pyramidenförmiger Frucht und gelben Fleische. Ananas aculeatus, fructu pyramidato, carne aurea, *Tournef. inst.* 653.

β.) Stachliche Ananas, mit kegelförmiger Frucht und gelben Fleische. Ananas aculeatus, fructu conico, carne aurea, *Pluk. Spec.* 20.

γ.) Königsapfel mit hellgrünen Blättern, welche an dem Rande kaum einige Sägeeinschnitte haben. Ananas aculeatus Incide virens, folio vix serrato. *Dill. Hort. Elth.* 25. *T.* 21. *f.* 22. Wächst in Neuspanien und Surinam. ⚄

ohne Stacheln die Lauge gar nicht aushalten, so, daß sie, die gröſten nicht ausgenommen, entweder ganz verwelken, oder ſich mit Mühe, und in einer ſehr ſchlimmen Geſtalt, erhalten. Auch mit dem Begieſſen derſelben muß man ſich in acht nehmen, bis man glaubet, daß ſie einige Wurzeln gemacht haben. Sobald man ſolches merket, ſo können ſie, ſo wohl unten im Topf mit der Röhre, als auch oben mit dem Gießkopf, beſprenget werden.

Sollte ſich hie und da eine Ananas finden, welche ſchon Früchten angeſezet hat, ſo paßt auch in diſem Fall das Mittel vollkommen. Denn man hat die Erfahrung, daß Früchten, welche ſich theils erſt zeigten, theils auch ſchon ſo groß wie ein Ei waren, diſe Behandlung dennoch ausgeſtanden haben, und zu ihrer Reife gekommen ſind. Diſer Verſuch hat einen
ſo

so guten Erfolg gehabt, daß sich dise Insekten völlig verlohren haben.

Ueberhaupt bin ich für den richtigen Erfolg des ganzen Versuchs Bürge, wenn nur meine Vorschrift genau dabei befolget wird.

Anhang.

Ich sehe mich fast genöthiget, noch eine kurze Beschreibung von andern Insekten hier anzuhängen, die vorzüglich, mit der Bromelia, auf der Ananas sich aufhalten. Es sind solche die Coccus Hesperidum und der Papilio Dido. Ich schildere sie aber nur ganz kurz, weil sie beede bereits von Linne beschrieben worden sind.

In Ansehung des Charakters und der Geschichte des erstern Insekts, berufe ich mich gänzlich auf die Beschreibung des Ritters von Linne, und seze nur noch eine Anmerkung hieher, die ich daselbst nicht gefunden habe. Dises Insekt nemlich unterscheidet sich von der Coccus Bromelia darinnen: daß es sich bei weitem nicht so häufig, als jenes, findet, daß es überdiß auf der ganzen Pflanze, bald da, bald dort, zerstreuet herum kriechet, vorzüglich aber, daß es der Pflanze gar keinen Schaden thut. Das leztere habe ich an einzelen Pflanzen versucht, und immer bestätiget gefunden.

Die Ursache diser Erscheinungen ist sehr klar. Denn da sie nur selten ein Gefäß zerstöret, sondern nur auf der Oberfläche herum gehet, so fället der Hauptschaden bei diser hinweg, den die Bromelia verursachet.

Bei

Bei dem Papilio Dido (*) seze ich, ausser dem, was Linne gesagt, noch hinzu: Wenn die Raupe sich in die Puppe verwandelt, so spinnet sie sich vorher zwischen zwei Blättern ein, und bleibet so lange darinnen, bis der Schmetterling hervor kommt. Dieser Papilio wird auch auf andern amerikanischen Pflanzen angetroffen.

(*) Heliconia, oder die helikonische Nymphe. *Linn.*

Erklärung
der
Kupfertafel.

A. Die Coccus Bromelia, vom Ei an, bis sie ausgewachsen ist.

1. Der Ursprung des Thierchens im Ei.
2. Das schon etwas erwachsene Ei, nebst der anhängenden Haut.
3. Das Ei, woran man schon die Ringe erbliket.

   Anmerkung. N. 1. 2. 3. können mit blosen Augen nicht gesehen werden.

4. 4. Das Insekt in seiner natürlichen Gestalt, mit den Fühlhörnern und Gabel, und zwar
   a. von dem Rüken,
   b. von dem Bauch anzusehen.
5. 5. Das Insekt, schon völlig erwachsen, nemlich
   a. von dem Bauch,
   b. von dem Rüken vorgestellet.

   c. Di=

c. Diser Punkt zeiget die natürliche Gröse des Insekts. Dise ist bei 5. a. und b. um 3200 mal nach dem Diameter vergrössert.

B. Das Blatt einer Ananas, auf dessen Oberfläche die Dekel, worunter die Eier ligen, vorgestellet sind.

 a. Ein Dekel in natürlicher Gröse, der vom Blatt B. abgenommen ist.

 b. Eben diser Dekel 3200 mal nach dem Diameter, oder nach dem körperlichen Inhalt 1448000000 mal, vergrösert.

 c. d. Die sägeförmige und mit Stacheln bewafnete Einschnitte des Ananasblatts.

 e. e. Die Eier, wie sie von der Mutter gelegt worden. Eben so oft, wie bei b. erwehnet worden, vergrösert.

 f. Bezeichnet die Dekel auf dem Blatt.

 g. Dise Punkten zeigen das Insekt an, wie es auf dem Blatt zerstreut herum liget.

 h. Das Nest mit dem Weibchen, wie sie auf den Eiern sizet, beides in natürlicher Gröse.

 i. Sind

i. Sind die Fleken, die man in den Gefässen des Blatts, wenn sie abgestorben sind, antrift. Sie sind auch schon am Ende der Dekel zu sehen.

k. Das Weibchen, besonders abgebildet, welches, wenn es die Eier gelegt hat, alsobald stirbet. Gleichfalls 3200 mal nach dem Diameter vergrösert.

C. Die Zeugungsglieder des Weibchens, als:

  a. Die Scheide (vagina) an dem Hintertheil des Körpers.

  b. Die zwei Nebentheile, welche die Scheide einschliessen. Eben dise Theile werden hier noch genauer zergliedert, und zwar:

    α. Die Scheide also erweitert, daß das Männchen, mit seinem pfriemenförmigen Zeugungsglied, bequem die Absicht der Natur ausführen kan.

    β. Die Nebentheile, an deren Ende zwei starke Haare befindlich sind, aus welchen die Gabel ihren Ursprung nimmt, gleichfalls erweitert.

Stuttgart
gedrukt bei Johann Philipp Erhard.

B. delin.

Schröter fc. 1777